# LES

# DOUKKALA

# et MAZAGAN

PAR

## M. P. JEANNIN, Colon

# Généralités

Ce modeste exposé sur la région des Doukkala n'a d'autre but que de tenter de faire connaître aux Français, et à tous ceux qui viennent à Casablanca, qu'à part la Chaouïa, il existe des régions aussi fertiles où ils peuvent s'établir. Ces régions sont dignes d'attention et méritent que ceux qui peuvent s'intéresser à la colonisation viennent les visiter.

Nous ne voulons pas mettre en parallèle divers territoires, ni prétendre que nos *tirs*, nos *hamri* et nos *sahel* sont supérieurs à ceux des voisins. Si nous arrivons à attirer quelques nouveaux Colons, désireux de faire œuvre utile, nous sommes persuadés qu'ils n'auront pas, dans l'avenir, à regretter d'être venus dans notre région.

Parmi ceux qui débarquent à Casablanca, il y en a beaucoup qui, après avoir séjourné dans cette Ville et voyagé dans son hinterland, seraient heureux de visiter d'autres terres. S'ils n'ont pas trouvé en Chaouïa ou plus loin ce qu'ils espéraient, qu'ils viennent en Doukkala, et nous nous efforcerons de les aider à s'établir.

Si les Doukkala ne les retiennent pas, peut-être préféreront-ils la région de Safi (Abda) ; nous serons toujours heureux d'apprendre qu'un Français, venu pour s'établir ici, n'est pas retourné en France désappointé, et prêt à dire que le Maroc est un pays inhospitalier où l'Européen se heurte à de nombreuses difficultés qui découragent les initiatives individuelles.

Chaque homme retournant en France, représente un capital et un effort qui auraient dû être retenus dans nos régions pour participer au développement de l'agriculture et de l'élevage. C'est une force perdue, une énergie qui disparaît et en écartera d'autres ; c'est laisser faire un pas en arrière à l'avenir du pays ; car, sans parler de la spéculation qui ne dure qu'un temps et qui, lorsqu'elle enrichit un homme, en ruine cent. il faut de plus en plus considérer le Maroc français comme un pays de colonisation agricole, où toutes les cultures et les élevages pourront être heureusement entrepris par ceux qui savent persévérer.

Les Allemands l'avaient si bien compris, qu'ils avaient par tous les moyens occupé des terres immenses, souvent maghzen, parfois propriétés privées.

Déçus après Algésiras, qui permettait à la France de mettre pied au Maroc et de commencer la conquête, n'acceptant qu'à demi l'accord franco-allemand, ils voulaient, par l'argent, la menace et le bluff, profiter seuls de ce pays dont les pangermanistes avaient toujours rêvé de faire une de leurs plus belles colonies.

L'occasion pour eux est passée, l'arrogance et la menace qui étonnaient et parfois effrayaient l'indigène, ont fait place à une grande sensation de liberté.

La route est libre pour tous ; que les Colons français n'hésitent pas et fassent confiance au Maroc et à son avenir : leur travail sera récompensé. Qu'ils s'arrêtent en Chaouïa ou dans une autre région, peu importe. Que ceux qui sont venus ne rentrent pas en France et consacrent quelques jours à visiter les Doukkala. Nous serons heureux de les recevoir et de les aider. Ils peuvent être assurés de trouver, aujourd'hui, auprès des autorités administratives de la Région et chez les Colons établis dans le pays, tout l'appui nécessaire.

## Moyens de communication

Deux modes de transport :

1° PAR TERRE EN AUTOMOBILE (97 kilomètres) — Les occasions sont assez nombreuses, et sous peu, lorsque la route que l'on construit sera achevée, le voyage sera peu coûteux et rapide (trois à quatre heures).

PAR MER. — Tous les vapeurs qui partent de Casablanca, se dirigeant vers le Sud, prennent des passagers pour Mazagan où, grâce à notre excellent port, l'on peut débarquer par tous les temps.

# Aperçu historique

## Mazagan — Azemmour

En arabe *Djdida* (la Ville nouvelle) par opposition à la *Médina* (Azemmour), Ville ancienne, sanctuaire de Moulay Bouchaïb qui se trouve à 16 kilomètres sur la rive gauche de l'oued Oum-er-Rbia, à environ 3 kilomètres en amont.

Ce sont là les deux seules villes des Doukkala. La première, port admirable par sa sécurité, débouché d'une région agricole extrêmement fertile. La seconde, qui parfois servit de port aux balancelles portugaises lorsqu'elles pouvaient entrer dans l'oued dont l'estuaire est obstrué par les sables.

Azemmour, après avoir joué, avant et après la conquête des Portugais, un rôle commercial et politique important, ancienne capitale de la région, n'est plus aujourd'hui que le satellite de Mazagan qui l'approvisionne d'importations européennes et lui achète ses produits.

Mazagan, au contraire, dernier centre de la résistance des Portugais qui s'y étaient établis, ayant estimé que sa baie était une des seules, permettant sur la côte d'abriter leur flotte, fut le dernier point occupé par ces conquérants qui, assiégés de toutes parts par les Marocains, abandonnés par leur métropole, furent obligés de quitter la ville en 1768.

Bien avant l'occupation portugaise, d'autres conquérants avaient parcouru la région et surtout les rives de l'Oum-er-Rbia. L'on trouve trace à Azemmour (Azama, IVe s. av. J.-Ch.) de débris de fûts de colonnes en marbre qui paraissent appartenir à l'Époque romaine.

Nous avons entendu parler de pièces de monnaies puniques et romaines, trouvées à Azemmour, mais il est difficile de déterminer leur époque. Il est certain que l'Oum-er-Rbia a dû, dans l'antiquité, intéresser les navigateurs qui pouvaient y trouver un abri pour leurs voiliers ou leurs galères.

De la conquête romaine ou punique à l'occupation portugaise, le pays eut à subir de nombreuses invasions, dont la principale fut l'arrivée des flots arabes qui submergèrent les populations des riches plaines du Maroc occidental et leur imposèrent une religion, une langue et une civilisation qui se sont perpétuées presque sans modifications jusqu'à nos jours.

Les Portugais, après s'être fortement établis en 1502 à *Briga* (Mazagan) mirent sept années pour occuper Azemmour avec laquelle ils étaient depuis longtemps en relations commerciales (1509).

La légende raconte qu'ils prirent la Ville par surprise en faisant remonter l'oued pendant la nuit, par des barques armées de soldats; ceux-ci pénétrèrent dans la forteresse par l'une des portes qui, à travers les remparts, ont accès directement sur l'oued. Ces portes existent encore; par l'une on pénètre dans le *mellah* actuel, et par l'autre dans la *médina* (quartier arabe).

D'autres points de la côte les intéressèrent, tels que *Tit* (Moulay Abdallah), à 7 kilomètres au sud de Mazagan, et *Oualidia*, port naturel excellent pour abriter de petites embarcations. L'occupation de ce dernier point avait pour but de permettre des relations constantes avec *Rarbya* (18 kilomètres à l'est du port). Cette dernière cité, bâtie dans une zone inculte, mais commandant de riches plaines de *tirs*, dut avoir une population considérable. Elle comprenait une ville entourée de remparts et un quartier militaire. Ces ruines où l'on ne peut trouver de traces de constructions importantes, sont, sans doute, celles d'un vaste camp retranché bâtivement établi, où la construction des remparts semble avoir été le principal but des conquérants. Il est impossible d'obtenir des indigènes de la région, dont certains sont encore propriétaires de parcelles situées dans l'enceinte des remparts, le moindre renseignement au sujet de cette Ville. Aucun ne se souvient du passage des Portugais ni de leur départ. Deux autres points, dans l'intérieur, le *M'Tal* (92 kil.) et *Guerando* (105 kil.) au sud de Mazagan, sur la piste de Marrakech, furent des postes avancés de l'occupation portugaise.

Ces postes défendaient l'entrée des défilés du *M'Tal* et de *Guerando*, points d'eaux importants.

L'occupation du pays par les Portugais dura près de trois siècles, mais ils durent subir de violentes attaques et les fortins édifiés à quelques kilomètres de Mazagan, démontrent que la Ville fût, avant l'abandon complète de la région, assiégée à plusieurs reprises.

Un Chroniqueur arabe, relaté ainsi leur départ de *Djdida* : [1]

« Au début du Ramadan 1182 (1768) les Portugais,
« fatigués d'être assiégés, demandèrent à leur roi la
« permission d'évacuer la Ville. Celui-ci la leur accorda,
« mais le Sultan du Maroc n'y consentit qu'à la con-
« dition qu'ils n'emporteraient que leurs vêtements.
« Les Portugais mirent le feu à leurs meubles, tuèrent
« leurs chevaux et creusèrent une mine souterraine. Un
« forgeron fut laissé pour y mettre le feu et ils s'embar-
« quèrent pour Lisbonne. Leur roi les envoya en Amé-
« rique où il leur fit bâtir une autre Mazagan. »

Sous la domination des Sultans qui gouvernèrent ensuite le Maroc, les Doukkala connurent une ère de prospérité, grâce à une administration énergique qui resta solide jusqu'à la fin du règne de Moulay Hassan. Depuis, le pays tomba en *Siba* (anarchie, guerre civile) et échappa à la direction de l'autorité centrale. Le Maghzen dut envoyer à plusieurs reprises des mehalla qui furent mises en déroute.

Sous Moulay Hafid la désorganisation administrative du pays Doukkala fut portée à son comble. Ce fut l'épo-que de la corruption la plus éhontée le Maghzen ven-dit les Caïdats au plus offrant, et l'on cite l'exemple de

---

[1] Ce départ eu lieu certainement par l'une des portes actuelle-ment murée, mais très apparente qui, des remparts (fortin E) donne sur l'Océan. A marée haute les embarcations pouvaient pénétrer en Ville.

fractions qui furent vendues trois fois le même jour, deux fois à Fez et une fois à Marrakech.

La véritable réorganisation administrative des Doukkala, sous la haute direction du Général Lyautey, s'achève en ce moment.

# Renseignements économiques

Comme dans la plus grande partie du Maroc Occidental, il est possible de diviser le Doukkala en trois zones très distinctes :

1º *Ouldja*. — Longue et étroite bande de terrains cultivés, située immédiatement en arrière des dunes côtières et d'une largeur variant entre 1.500 et 3.500 mètres. L'eau y est peu profonde (2 à 8 mètres) et propre à l'irrigation qui s'y pratique pour certaines cultures : henné, légumes (pastèques, courges, piments), menthe, etc. Les terres y sont très morcelées et parfois la propriété d'un Indigène ne comprend qu'un jardin de henné et de légumes irrigué par une noria arabe, et un petit champ où se cultivent l'orge et le maïs nécessaires à la famille du cultivateur.

2º *Le Sahel*. — Zone côtière et zones montagneuses des limites Doukkala : M'Tal, Oulad Fredj ; rives de l'Oum-er-Rbia, Oulad-Bouaziz à Oulad-Ghassem. La superficie du *Sahel* est égale environ à la moitié de la superficie totale Doukkala.

C'est une région d'élevage, mais le sol est parfois très riche (cuvettes de *tirs* et de *ham'i*) et propre à la culture des céréales.

Le *Sahel* avec ses terres légères et ses coteaux se prêtera admirablement à la culture raisonnée de la vigne. L'on y trouve déjà de nombreux vignobles indigènes, produisant un excellent raisin de table blanc et rose. L'eau y est parfois très abondante et d'une grande pureté, ce qui pourra permettre certaines cultures spéciales qui nécessitent une abondante irrigation.

3° *La plaine intérieure.* — Zone agricole par excellence, composée de *tirs* et de *hamri* (terres argileuses noires ou rouges).

# Agriculture

Le bled Doukkala, à part les oliviers (des essais de plantation d'olivier réussissent très bien) et l'arganier (spécial au sud marocain) dont il subsiste sur la côte Doukkala quelques bosquets, produit tout ce que l'on trouve dans les autres régions du Maroc Occidental.

Quelques cultures peuvent être considérées comme spéciales à notre région, non pas que l'on ne puisse les rencontrer ailleurs, mais l'importance de la superficie du territoire qui leur est consacré, les fait remarquer.

1° *La Vigne*, vestige certain de l'occupation portugaise, couvre chez les Oulad Bouzerara, dans l'Aounak et les Oulad Fredj, plus de 2.000 hectares.

2° *Le Henné*, culture spécialisée dans les environs d'Azemour, sur les rives de l'oued et dans l'Ouldja des Chtouka-Chiadma. Ces jardins de henné approvisionnent Mazagan, Casablanca et même le nord du Maroc. Marrakech se fournit de henné de qualité inférieure dans le Tafilalet.

3° *Coton.* — Le coton a été cultivé à Azemmour et nous avons retrouvé d'anciens plants à l'état sauvage qui donnent encore chaque année des capsules contenant un coton de belle qualité. Les Indigènes disent qu'ils ont dû abandonner cette culture parce qu'ils étaient « mangés » par les intermédiaires qui leur achetaient la récolte au plus bas prix.

Cette culture peut très bien réussir, irriguée ou en pleine terre, mais n'est pas à recommander au Colon disposant d'un petit capital. Le coton marocain, inconnu sur les marchés d'Europe, n'obtiendrait, malgré ses qualités, que des prix dérisoires et la culture du henné, du piment dans ces mêmes terrains, est beaucoup plus rémunératrice.

4° *L'Oranger.* — Il existe (Mehoula, 10 kilom. amont Azemmour) de belles plantations qui approvisionnent notre Ville et même Casablanca. Cette culture peut donner d'excellents résultats dans le Sahel où il existe des cuvettes de terre profondes, abritées des vents, avec une eau abondante.

Dans ces mêmes terrains, l'on peut planter la plupart des arbres fruitiers d'Europe avec la certitude de réussir.

Azemmour est entouré de jardins, de grenadiers et de henné, et cette verdure constante n'est pas un des moindres charmes de cette jolie cité qui se reflète dans les flots de l'oued baignant ses remparts.

Quelques cultures spéciales sont à recommander : celles du géranium rosat et du rosier. Toutes les sortes de géraniums et de rosiers poussent très bien et nous sommes persuadés que le Colon qui, spécialiste de ces cultures, s'y consacrerait, serait vite récompensé de ses efforts.

| | |
|---|---:|
| Superficie totale du Doukkala, environ .. | 627.000 h<sup>res</sup> |
| Superficie des terres cultivées............ | 300.000 — |
| —　　　　— 　　　non cultivées...... | 27.000 — |
| —　　　　— 　　　réservées aux pâturages............. | 250.000 — |
| —　　　　— 　　　incultes, propres à certains élevages | 50.000 — |
| | 627.000 h<sup>res</sup> |

DÉTAIL DES CULTURES

| | |
|---|---:|
| Céréales diverses.................... | 297.000 h<sup>res</sup> |
| Jardins, figuiers, vignes............. | 3.000 — |
| | 300.000 h<sup>res</sup> |

# Elevage

L'éloge du bled Doukkala comme pays d'élevage n'est pas à faire ; notre région approvisionne une grande partie des marchés de Casablanca, de Rabat et, même, lorsque l'exportation du bétail est autorisée, de Tanger. Si l'on interroge, sur les marchés de Casablanca et de Rabat, les Indigènes qui présentent les plus belles bêtes sur leur provenance, il arrive très souvent qu'ils vous répondent que ces animaux viennent du Tlett de Sidi-ben-Nour (centre Doukkala). Ce souk, le plus important de la région et l'un des plus fréquentés du Maroc Occidental, où l'on peut s'approvisionner de tous produits, est un centre d'attraction merveilleusement situé ; les Indigènes y vendent les animaux, produits de leur propre élevage, ou achetés sur les marchés voisins. Là l'on peut se rendre compte de la supériorité de la race Doukkala.

Le plaines les plus riches (Oulad Amrane, Oulad Amor, Sbeïta et bled Ariri) produisent les plus beaux animaux.

Les ovins et caprins donnent les meilleurs résultats chez les Aounat.

Sur tout le territoire Doukkala, l'élevage des chevaux, ânes, mulets, moutons et chèvres est pratiqué. L'élevage du porc réussit très bien dans certaines zones : *Sahel* et *Ouldja* où il trouve de l'eau en abondance, ce qui lui permet de supporter les chaleurs estivales. Les porcs se nourrissent dans les champs où ils trouvent leur nourriture préférée, jeunes escargots et surtout tubercules sauvages spéciaux à ces régions.

Il existe à Mazagan, depuis deux années, une station de remonte qui, tous les printemps, envoie ses étalons dans trois postes du Doukkala (Souk el Had des Oulad Fredj, Sidi ben Nour et Dar Caïd ben Amida). Les résultats obtenus sont excellents et laissent espérer que dans un avenir prochain la race chevaline du Doukkala, déjà fort belle, sera encore améliorée.

**Cheptel approximatif en Doukkala**

| | |
|---|---:|
| Chevaux et mulets................. | 3.800 |
| Anes............................... | 14.800 |
| Chameaux.......................... | 5.800 |
| Bovidés........................... | 37.100 |
| Ovins et caprins ................. | 139.300 |
| Porcs............................. | 2.500 |

# Hydrographie

Une des questions les plus intéressantes et qui mériterait d'être étudiée par les Pouvoirs publics, est celle des eaux souterraines en Doukkala.

*Sources.* — Les sources sont rares et ne se rencontrent que dans le Sahel ou l'Ouldja.

*Nappes souterraines.* — Le niveau des eaux est très variable, et si l'on trouve de l'eau excellente à quelques mètres (2 à 15) dans le Sahel, par contre, dans les plaines de *tirs*, la profondeur des puits atteint parfois près de 100 mètres.

*Eaux magnésiennes et eaux douces.*— Parfois, dans un même puits, l'on rencontre deux nappes superposées, l'une d'eau légèrement magnésienne, propre cependant à l'alimentation, l'autre d'eau douce.

Le niveau de ces nappes différentes, est incertain ; aussi ne peut-on jamais savoir quelle sera la première nappe rencontrée lorsque l'on creuse un puits. L'on est souvent obligé de masquer par un travail de maçonnerie la première rencontrée.

Ces différences de niveau dans la profondeur des nappes, ne peuvent s'expliquer que par la présence de couches imperméables d'argile qui arrêtent l'infiltration des eaux souterraines. Si la couche d'argile est assez épaisse, l'eau ne peut passer et la nappe peut être abondante et à peu de profondeur. Il arrive souvent que deux puits distants de quelques mètres présentent les caractères suivants : dans l'un, eau magnésienne à une profondeur de 75 mètres ; dans l'autre, eau très abondante et douce à 4 ou 5 mètres. Nous pensons que la présence de magnésie et de sel marin provient d'un emprisonnement d'eau de mer au moment de la formation géologique de ces terrains.

Les nappes aquifères de grande profondeur sont certainement dues à l'infiltration lente à travers des terrains peu perméables des eaux d'un niveau supérieur. S'il était possible de prouver que ces différentes nappes ont une origine unique, infiltration des eaux de pluie des régions montagneuses du Doukkala, où l'on trouve la nappe aquifère à 4 ou 5 mètres de profondeur, il serait utile de faire des travaux en vue de rechercher dans les plaines, c'est-à-dire à un niveau inférieur, la nappe principale (originaire des montagnes d'un niveau plus élevé) qui doit s'y trouver sous pression. Dans les forages indigènes, cette nappe ne peut jaillir car elle se perd en remontant vers la surface du sol, dans la première couche perméable qu'elle rencontre.

Les recherches d'une nappe artésienne, dont l'existence est certaine, ne peuvent être faites par un Colon, l'achat du matériel nécessaire étant trop élevé, mais le Service de l'Agriculture pourrait en faire l'acquisition et en récupérer la valeur, en faisant payer un droit par les propriétaires des terrains voisins du puits. Tous, Européens et Indigènes, seraient heureux d'être taxés pour une œuvre aussi utile.

En dehors des grands projets de captation des eaux dans l'oued en amont d'Azemmour et de l'irrigation d'une partie du Doukkala nord, située sur le passage du canal d'adduction, des travaux plus simples pourraient être entrepris. Les Portugais, peut-être même les Arabes, ont laissé quelques traces de canaux d'irrigation. Au lieu de laisser perdre les eaux torrentielles qui coulent des montagnes dénudées de la région du M'Tal, ils avaient creusé des canaux assez importants qui recueillaient l'eau et la répartissaient peu à peu sur les terres voisines. Inondation légère et bienfaisante au lieu d'un ravinement destructeur. Ces travaux pourraient être facilement et utilement repris après les études nécessaires.

# Climatologie

Au point de vue climatologique, le Doukkala peut se diviser en trois zones différentes les unes des autres, mais bénéficiant toutes du voisinage de l'Océan et par suite tempérées :

L'Ouldja et le Sahel, régions où l'on n'a pas à souffrir des fortes chaleurs des plaines du centre Doukkala. La température maxima observée au Tléll de Sidi ben Nour (centre Doukkala) serait supérieure à 45° à l'ombre. Cette température nous paraît exagérée et n'a peut-être pas été prise dans les conditions requises pour pouvoir être considérée comme réelle.

Sur la côte et même à une distance de plusieurs kilomètres dans l'intérieur, le thermomètre ne dépasse jamais 30°, grâce à la brise marine.

Le point où la température semble être la plus régulière est Azemmour. Par sa situation à quelque distance de l'Océan, point ou peu d'humidité et une brise constante due en partie au voisinage de l'oued. A notre avis, la température maxima observée à Azemmour ne doit pas dépasser 25°. En hiver, la moyenne est de 18 à 20°. Nous n'avons jamais constaté de gelée blanche.

Mais ce qui manque à Azemmour, malgré ses jardins, son oued et sa brise, c'est une plage aussi belle que celle de Mazagan. Lorsque le voyageur venant de Casablanca, arrive au sommet des côteaux qui dominent la Ville, il ne peut qu'admirer le spectacle qui s'offre à ses yeux.

Devant lui, une plage immense où l'Océan déferle lentement ; sur cette plage, des tentes pittoresques et des groupes de baigneurs.

A l'horizon, Mazagan, ville blanche aux vieux remparts, tâche sombre se découpant sur le ciel. Mais ce qu'il admire le plus, car il n'a pu l'observer autre part au Maroc, c'est l'aspect propre, sain et coquet de notre Ville. Avenues superbes et larges rues, sans les mauvaises odeurs coutumières aux autres cités marocaines.

La Ville indigène a été modifiée, grâce à quelques travaux bien compris, ce qui permet d'attendre la construction d'une Ville européenne dont les grandes lignes ont déjà été tracées et qui n'a pu recevoir qu'une partielle exécution par suite de la guerre.

Lorsque dans un avenir très prochain Mazagan sera reliée à Casablanca et Marrakech par de belles routes et des voies ferrées, nous sommes persuadés que notre Ville deviendra la plus belle station estivale et hivernale du Maroc. Il serait même facile d'attirer une clientèle étrangère qui y trouverait une température aussi clémente en hiver que celle qui est recherchée en France sur la Côte-d'Azur et la Côte-d'Argent.

Ce serait là un excellent moyen de faire connaître le Doukkala. Les personnes qui viendraient passer quelques semaines à Mazagan, sur notre plage, n'hésiteraient certainement pas à faire un voyage dans l'intérieur pour y admirer, en été, les mirages, en hiver et au printemps les plaines entièrement cultivées, les champs émaillés de fleurs et les troupeaux dont ils auraient entendu parler.

---

# Colonisation Européenne

Peu développée avant l'occupation française, puisqu'il n'existait qu'une seule ferme dans l'intérieur, la Guerre est venue interrompre un mouvement de colonisation assez brillant qui renaîtra certainement après les hostilités.

La plus grosse difficulté pour un Colon qui tient à s'établir dans l'intérieur, est de trouver des terrains à acheter. L'Indigène Doukkala, en effet, est peu vendeur; il tient beaucoup à ses terres et ne les cède que lorsqu'il y est obligé pour payer des dettes contractées avec imprévoyance ou à la suite d'une mauvaise récolte.

Nous espérons, que sous peu, les biens maghzen pourront être mis en location pour un laps de temps assez long, ce qui permettrait la création de fermes où les Colons pourraient travailler tout en cherchant à acquérir des terres. Ainsi établi sur un terrain maghzen, le Colon pourrait faire fructifier son capital, étudier les mœurs du pays, entrer en relation avec les Indigènes et, le moment venu, de s'établir pour son compte; il n'aurait pas à craindre l'insuccès, souvent dû à l'ignorance des coutumes du pays, insuccès qui décourage ceux qu'il atteint durant les premières années d'exploitation.

Le Maghzen profiterait de ce mode de location, car ses terres, la plupart incultes, ne lui rapportent rien et sont louées à des prix très bas. D'autre part, celui qui les prend en location pour un an, n'a que le seul désir de faire rendre à la terre tout ce qu'elle peut produire.

Nous savons que cette question de location à long bail des terres du Domaine est à l'étude et nous sommes persuadés que la solution sera favorable à la colonisation. Tous les Français établis dans le pays ont formulé cette demande, ainsi qu'une autre très importante qui, nous le constatons et en remercions vivement la Résidence Générale, vient d'être favorablement solutionnée, c'est l'abrogation des droits de douane sur l'importation du matériel agricole.

D'autre part, nous pensons qu'il conviendrait de ne pas imposer les cultures arbustives et de distribuer des primes annuelles aux Indigènes qui consentiraient à planter certaines essences d'arbres qui leur seraient indiquées et dont ils pourraient recevoir des graines.

Si l'Européen comprend la nécessité, l'importance de ces cultures, il est nécessaire de les imposer à l'Indigène. Dans ce but, il pourrait être créé des pépinières où les Colons pourraient recevoir gratuitement ou à des prix très bas des jeunes plants qui, nés dans la région, seraient d'une réussite assurée. Nous savons que le Service de l'Agriculture, représenté dans notre région par un Inspecteur-adjoint, dont nous avons pu apprécier les qualités et le désir de se rendre utile à la colonisa-

tion, soit en la conseillant, soit en l'aidant, a l'intention
de créer un Jardin d'Essais, évitant ainsi aux Colons
des dépenses inutiles et permettant aux Indigènes de
se rendre compte des résultats qu'il peut lui-même
obtenir.

# Acquisition de Terrains
# par les Européens

Le Français qui vient au Maroc pour s'y établir, doit
prendre quelques précautions avant d'acquérir, et nous
ne saurions assez le mettre en garde contre certains
courtiers, européens et indigènes, qui s'offriront à
lui trouver des terres rêvées à des prix défiant toute
concurrence !...

Il est préférable de passer quelques mois dans
l'attente, de voyager pour visiter les régions, que d'uti-
liser ses capitaux dans la première affaire merveilleuse
qui se présentera, car, dès que le paiement sera fait,
naîtra l'ère des difficultés.

En arrivant dans notre Ville, le futur Colon doit se
rendre au Service des Renseignements où, s'il ne lui
est pas fait d'offre de terrains, il trouvera d'utiles renseignements sur les régions qu'il doit parcourir, les
Colons installés dans le bled qu'il doit visiter et les
personnes dont il pourra accepter les offres ou les
conseils.

Avant toute acquisition, et surtout avant tout verse-
ment d'arrhes, il devra s'enquérir de la réalité des
droits du vendeur. Une fois ces droits reconnus, il
pourra commencer les formalités d'achat, ne se ren-
dant chez les notaires indigènes et le cadi qu'accom-
pagné d'un bon interprète, et ses versements d'argent
devront être constatés par les dits notaires en spéci-
fiant bien quel est leur but.

Ces formalités, sont souvent longues et pour les
écourter il faut malheureusement sacrifier aux cou-

tumes du pays, savoir être généreux, sans exagération, avec les fonctionnaires indigènes.

Nous espérons que sous peu l'application du Dahir concernant l'immatriculation des terrains sera étendu à tout le bled Doukkala. Cette mesure est nécessaire pour donner de la tranquillité à la colonisation et affermir ses droits de propriété.

# Importation et Exportation

## Importation

Malgré le ralentissement général, occasionné par la Guerre, les importations ont repris très sensiblement ces temps derniers et notre région commence à être approvisionnée de tout ce qui lui faisait défaut : articles d'alimentation et surtout matériaux de construction.

Les Indigènes, par suite du renchérissement des articles importés, ont diminué leurs achats, mais, il faut espérer que par suite de la belle récolte de cette année, dont les produits sont achetés à des prix rémunérateurs, leurs disponibilités augmenteront, ce qui redonnera aux transactions commerciales un mouvement dont le trafic local a grand besoin.

Les quelques Français établis dans notre Ville et dans la région ont souffert, malgré toutes les atténuations apportées à leurs obligations militaires, et il n'y a pas une seule maison française qui ait pû s'établir et essayer de prendre la place laissée libre par le départ des Allemands. Ceux qui ont le plus profité de la situation actuelle sont les neutres, et surtout les Israélites.

ARTICLES DE CONSOMMATION COURANTE :
SUCRE, THÉ, COTONNADES, SEMOULES ET FARINES, THÉ VERT

*Sucre.* — Avant la guerre le sucre, vendu dans le bled Doukkala ou débarqué à Mazagan à destination de

Marrakech, était de provenances diverses : française, allemande, hollandaise et autrichienne. Depuis, le sucre français (Raffineries de Saint-Louis et en petite quantité Méditerranée et Chantenay) tient la première place; la marque hollandaise (Bou-Keuf) a remplacé les sucres allemands et autrichiens, mais il est à craindre que sous l'étiquette du sucre hollandais, nous ne recevions des produits allemands.

L'Egypte a fait quelques envois ainsi que l'Espagne.

En résumé, le sucre français marque Saint-Louis, reste le grand favori sur notre place et dans le bled, et à poids égal fait prime.

*Cotonnades.* — Ce marché reste l'apanage anglais, l'importation est presque uniquement faite par Manchester.

*Thé vert.* — Cet article était importé de Londres et de Hambourg, parfois de Marseille. Le marché reste entre les mains de Londres.

*Semoules.* — Les semoules provenaient de Marseille, certaines marques faisant prime sur le marché. Le prix actuel est trop élevé et l'importation a cessé.

*Farine.* — Cet article jadis importé en grande partie de Belgique et de Marseille, vient actuellement d'Amérique (transit Gibraltar).

*Fers et ciments, chaux, etc.* — Les fers et ciments étaient de provenance belge et allemande; les compagnies de navigation allemandes transportaient ces articles à des prix très réduits.

Nous pensons que la France pourrait trouver au Maroc un débouché important pour ses chaux et ciments, si les compagnies de navigation françaises n'avaient pas majoré leurs tarifs d'une façon peut-être excessive.

*Vins.* — Les vins espagnols, très bon marché, sont concurrencés par ceux du Midi de la France et d'Algérie. Nous espérons que les vins français et algériens seront préférés aux produits étrangers inférieurs et de mauvais goût.

## Exportations

La plus grande partie des exportations du port de Mazagan consiste en céréales et en dérivés de l'agriculture et de l'élevage de provenance du bled Doukkala et de la région de Marrakech.

Orge (1912) 238.322 quintaux.
Blé dur (1911) 32.428 quintaux.
Maïs (1911) 40.131 quintaux.
Fèves (1912) 29.850 quintaux.
Lin (1912) 51.719 quintaux.
Pois chiches (1912) 16.718 quintaux. (La qualité Mazagan est
    spécialement appréciée et fait prime en Espagne.)
Alpiste (1911) 45.279 quintaux.
Cumin (1912) 2.000 quintaux.
Œufs (1912) 21.465 quintaux.

Les œufs méritent une mention spéciale, car leur exportation sur Londres et Marseille est intense. Mazagan est le principal port d'exportation des œufs, car cet article très délicat peut être pendant toute l'année facilement embarqué sans courir les risques d'avarie par suite d'un trop long séjour dans les magasins. L'achat d'œufs à Mazagan, atteint souvent le chiffre journalier de 100.000.

Cire brute (1911) 450 quintaux.
Laine en suint (1911) 5.900 quintaux.
Laine lavée (1911) 670 quintaux.
Peaux de bœufs (1911) 800 quintaux.
Peaux de chèvres (1911) 710 quintaux.
Peaux de moutons (1911) 700 quintaux.
Chiffons de de laine (1911) 1.250 quintaux, etc.

Pendant la guerre, la plupart des produits marocains ne peuvent être exportés; les céréales sont achetées par le Service de l'Intendance; quelques exceptions sont faites au profit des pays alliés.

## Port de Mazagan

Commerce total. Importations et Exportations (numéraire non compris) :

| Année 1913 | Valeurs en francs |
|---|---|
| Importations..................... | 18.670.353  » |
| Exportations..................... | 6.536.942  » |
| Total....... | 25.207.295  » |

### Droits de Douane perçus en P. H.

| | IMPORTATION 10 % 5 % 2 1/2 % | | EXPORTATION ET CABOTAGE | |
| --- | --- | --- | --- | --- |
| | 1914 | 1915 | 1914 | 1915 |
| Janvier .. | 233.139 88 | 127.540 40 | 32.477 13 | 37.950 04 |
| Février .. | 171.514 55 | 176.614 47 | 17.422 23 | 52.437 09 |
| Mars.... | 151.350 83 | 151.213 95 | 23.348 13 | 81.003 90 |
| Avril.... | 113.410 50 | 263.317 97 | 17.454 65 | 41.377 09 |
| Mai .... | 173.942 04 | 190.433 44 | 40.370 65 | 43.789 90 |
| Juin.... | 157.218 21 | 212.327 01 | 36.162 33 | 74.014 17 |
| Juillet... | 181.217 81 | 131.731 15 | 69.640 45 | 85.802 26 |
| | 1.181.791 42 | 1.256.208 39 | 206.875 57 | 416.405 05 |

# Désidérata de la Colonisation européenne
## dans le Doukkala

**§ 1.** — *Agriculture et élevage.* — Révision des droits de douane à l'importation ou à l'exportation sur les articles suivants :

1° Matériel agricole *(franchise accordée par dahir récent)* ;
2° Plants d'arbustes de toutes sortes et graines destinées à améliorer les produits indigènes ;
3° Céréales exportées ;
4° Etalons divers pour l'amélioration des races du pays.

**§ 2.** — Location à long bail du domaine maghzen.

**§ 3.** — Etudes et travaux nécessaires pour rechercher les eaux souterraines jaillissantes.

**§ 4.** — 1° Création de Jardins d'Essais ;
2° Création d'un laboratoire pour analyse de terres ;

**§ 5.** — 1° Diminution comme en Tunisie de l'impôt du Tertib en faveur des établissements agricoles se servant de matériel moderne ;
2° Primes pour encourager les plantations d'arbres non fruitiers.

*Travaux publics.* — Vœux :

1° Que la route de Guérando à Marrakech (section qui dépend de Marrakech) soit mise à l'étude et que les travaux soient commencés et poussés aussi rapidement que le sont, grâce à l'Ingénieur chef de Service à Mazagan, ceux de la section Mazagan ;

2° Activer l'achèvement de la route de Mazagan à Azemmour qui aurait dû être livrée à la circulation depuis plusieurs mois ;

3° Que le projet de pont entre Sidi-Ali et Azemmour sur l'Oum-er-Rbia devienne une réalité ;

4° Amélioration des pistes du Tlett de Sidi-ben-Nour au Kmès-Zmamra et de Sidi-Smaïn au Kmès-Zmamra.

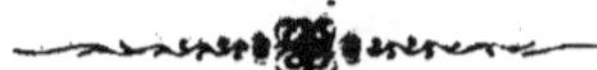

# CERCLE DOUKKALA



## EXPLOITATIONS AGRICOLES EUROPÉENNES(1)

### Compagnie Marocaine (agence de Mazagan)

NATURE DE L'ENTREPRISE : Culture des céréales et élevage.

CENTRE D'INSTALLATION : Propriété de Bir Zekouri, près du Knées des Zemamra.

DATE DE LA CRÉATION : Septembre 1910.

SUPERFICIE TOTALE : Pâturages : .    »

                    Cultures : 50 hectares.

BATIMENTS : Une enceinte avec fossé (Gotaa) et noualas indigènes.

PRIX MOYEN A L'HECTARE : Pâturages :    »

                    Cultures : 200 francs l'hectare.

QUALITÉ DES TERRES : Analyse si possible : beaux tirs noirs.

                    Produits: blés, alpiste, fèves, pois chiches, graines de lin.

AGRICULTURE : Moyens de culture : charrues européennes.

                    Rendement moyen à l'hectare : jusqu'à 20 pour 1.

CHEPTEL : Matériel d'exploitation :    »

ELEVAGE : Bovins : 6 bœufs de labour, 2 vaches.

          Ovins : 100 moutons.

          Caprins : 15 chèvres.

          Chevaux : 1.

HYDROGRAPHIE :    »

CLIMAT : sec.

ARBORICULTURE : une plantation de figuiers.

VITICULTURE :    »

ESSAIS SPÉCIAUX :    »

ELEVAGES SPÉCIAUX :    »

RELATIONS AVEC LES INDIGÈNES :    »

ASSOCIATIONS AGRICOLES AVEC LES INDIGÈNES : résultats,    »

REMARQUES GÉNÉRALES DU CHEF D'EXPLOITATION : Propriété consacrée uniquement à la culture des céréales.

*Signé :* JACQUETTY.

---

(1) Les renseignements concernant les exploitations agricoles ont été fournies par les Colons eux-mêmes.

### Compagnie Marocaine (agence de Mazagan)

NATURE DE L'ENTREPRISE : Culture des céréales, fourrages et élevage.

CENTRE D'INSTALLATION : Scheb-Seïkouk, près de la zaouïa Sidi-Smaïl.

DATE DE LA CRÉATION : Septembre 1914.

SUPERFICIE TOTALE : Pâturages : 700 hectares.
                    Cultures : 100 hectares.

BATIMENTS : Hangar et écuries.

PRIX MOYEN A L'HECTARE : Pâturages : 50 francs.
                    Cultures : 125 francs.

QUALITÉ DES TERRES : Analyse si possible : noires pierreuses.
                    Produits : céréales, avoines, orge, maïs et foin.

AGRICULTURE : Moyens de culture : 6 charrues indigènes, une charrue européenne.
                    Rendement moyen à l'hectare,    »

CHEPTEL : Matériel d'exploitation, »

ELEVAGE : Bovins : 15 bœufs, 8 vaches, 10 veaux.
        Ovins :    »
        Caprins : 15 chèvres.
        Chevaux :    »
        250 porcs.

HYDROGRAPHIE :    »

CLIMAT :    »

ARBORICULTURE : Figuiers, abricotiers.

VITICULTURE :    »

ESSAIS SPÉCIAUX :    »

ELEVAGES SPÉCIAUX :    »

RELATIONS AVEC LES INDIGÈNES :    »

ASSOCIATIONS AGRICOLES AVEC LES INDIGÈNES :    »

REMARQUES GÉNÉRALES DU CHEF D'EXPLOITATION : Propriété spéciale pour les fourrages et l'élevage du porc.

*Signé* : JACQUETTY.

### Compagnie Marocaine (agence de Mazagan)

NATURE DE L'ENTREPRISE : Culture des céréales et élevage.

CENTRE D'INSTALLATION : Les Beni Hellal à 15 kilomètres du chemin de fer de Bou-Laouane.

DATE DE LA CRÉATION : Septembre 1914.

SUPERFICIE TOTALE : Pâturage, 250 hectares.
                    Culture : 100 hectares.

PRIX MOYEN A L'HECTARE : Pâturage :    »
                    Cultures : 150 francs.

BATIMENTS : Une baraque en tôle ondulée, écurie et logement en bois.

QUALITÉ DES TERRES : Analyse si possible, terrains argileux d'alluvions et siliceux.

Produits : céréales.

AGRICULTURE : Moyens de culture : charrues européennes, trisocs, brabants.

Rendement moyen :  »

CHEPTEL : Matériel d'exploitation :  »

ELEVAGE : Bovins : 6 bœufs, 8 vaches, 10 veaux.

Ovins : 50 brebis, moutons.

Caprins : 5 chèvres.

Chevaux :  »

5 porcs.

HYDROGRAPHIE :  »

CLIMAT : sec.

ARBORICULTURE :  »

VITICULTURE :  »

ESSAIS SPÉCIAUX :  »

ELEVAGES SPÉCIAUX :  »

Terrain très propice à la vigne, commencement de plantations en cépages indigènes. En projet : Superphospates pour prairies naturelles.

RELATIONS AVEC LES INDIGÈNES :  »

ASSOCIATIONS AGRICOLES AVEC LES INDIGÈNES :  »

REMARQUES GÉNÉRALES DU CHEF D'EXPLOITATION : 10.000 kilos de foin de bonne qualité livré à l'Intendance. Propriété spéciale pour les fourrages et les vignobles.

*Signé :* JACQUETTY.

## Société des Fermes d'Hérébéza et de Taloa
### (Canas, Plouard et Thierry, propriétaires).

NATURE DE L'ENTREPRISE : Elevage, agriculture.

CENTRE D'INSTALLATION : Hérébéza (10 kilom. de Mazagan).

DATE DE LA CRÉATION : 15 Juillet 1914.

SUPERFICIE TOTALE : Pâturages : 700 hectares en friche.

Cultures : 300 hectares.

BATIMENTS : Maisons d'habitation, magasins à grains, etc.

PRIX MOYEN A L'HECTARE : Pâturages :  »

Cultures :  »

QUALITÉ DES TERRES : Sahel.

Céréales, vignes, etc.

AGRICULTURE : Moyens de culture : culture directe.

Rendement moyen à l'hectare :  »

CHEPTEL : Matériel d'exploitation : matériel européen.

ELEVAGE : Bovins : 21 bœufs, 5 vaches, 9 génisses, 3 taurillons, 5 veaux.

Ovins : 85 brebis.

Caprins :  »

Chevaux : 10.

HYDROGRAPHIE :　»

CLIMAT : Sec.

ARBORICULTURE :　»

VITICULTURE : 1 hectare muscat (vigne de 5 ans), 1 hectare de l'année.

ESSAIS SPÉCIAUX :　»

ÉLEVAGES SPÉCIAUX :　»

RELATIONS AVEC LES INDIGÈNES : Bonnes.

ASSOCIATIONS AGRICOLES AVEC LES INDIGÈNES : Une association pour élevage des porcs, bons résultats.

REMARQUES GÉNÉRALES DU CHEF D'EXPLOITATION :　»

Signé : PLOUARD.

## Joseph Bartre & Cⁱᵉ

NATURE DE L'ENTREPRISE : Culture maraîchère et arbres fruitiers. — Céréales, élevage, vignoble.

CENTRE D'INSTALLATION : Au Fas-Douib (10 kilom. de Mazagan), sur la route de Marrakech. Propriété de St-Alban.

DATE DE LA CRÉATION : Septembre 1913.

SUPERFICIE TOTALE : Pâturages : 45 hectares.
　　　　　　　　Cultures :　—

BATIMENTS : Maison en pierres, cave, magasins, écuries.

PRIX MOYEN A L'HECTARE : Pâturages :　»
　　　　　　　　Cultures : 350 francs.

QUALITÉ DES TERRES : Analyse si possible : argileuses et sili-
　　　　　　　　Produits :　»　　　　　　　　(ceuses.

AGRICULTURE : Moyens de culture : 4 charrues européennes à jougs et colliers.
　　　　　　　　Rendement moyen à l'hectare :　»

CHEPTEL : Matériel d'exploitation :　»

ELEVAGE : Bovins : 4 gros bœufs de labour, 4 vaches, 4 veaux.
　　　　Ovins : 80 brebis et moutons.
　　　　Caprins : 15 chèvres.
　　　　Chevaux : 5 juments, 3 poulains, 1 jeune mulet, 1 âne étalon, 4 mulets de travail.

HYDROGRAPHIE :　»

CLIMAT : Tempéré de Mazagan.

ARBORICULTURE : 700 arbres fruitiers : pêchers, cerisiers, poiriers, pruniers, abricotiers.

VITICULTURE : 500 pieds de vigne.

ESSAIS SPÉCIAUX : Couveuse artificielle.

ELEVAGES SPÉCIAUX : En grand du canard et des chapons.

RELATIONS AVEC LES INDIGÈNES :　»

ASSOCIATIONS AGRICOLES AVEC LES INDIGÈNES : Résultats :　»

REMARQUES GÉNÉRALES DU CHEF D'EXPLOITATION :　»

Signé : BARTRE.

## P. Jeannin

NATURE DE L'ENTREPRISE : Elevage et culture.
CENTRE D'INSTALLATION : La Medina de Barbya.
DATE DE LA CRÉATION : 1910-11.
SUPERFICIE TOTALE : Pâturages : appartiennent aux frères ben Isfès Berby.

Cultures : totalité de 500 hectares tous labourables. Les pâturages domaniaux sont importants.

BATIMENTS : Constructions indigènes.
PRIX MOYEN A L'HECTARE : Pâturages : très élevé.

Cultures :   »

QUALITÉ DES TERRES : Tirs.

Produits : Toutes céréales.

AGRICULTURE : Moyens de culture : arabe.

Rendement moyen à l'hectare :   »

CHEPTEL : Matériel d'exploitation.
ELEVAGE : Bovins : 15.

Ovins : 150.

Caprins :   »

Chevaux :   »

1 chamelle.

HYDROGRAPHIE : Eau excellente peu profonde (5 mètres).
CLIMAT : Tempéré.
ARBORICULTURE :   »
VITICULTURE :   »
ESSAIS SPÉCIAUX :   »
ELEVAGES SPÉCIAUX :   »
RELATIONS AVEC LES INDIGÈNES : Excellentes.
ASSOCIATIONS AGRICOLES AVEC LES INDIGÈNES : N'ont pas donné de résultats satisfaisants.
REMARQUES GÉNÉRALES DU CHEF D'EXPLOITATION :   »

*Signé :* JEANNIN.

## P. Jeannin

NATURE DE L'ENTREPRISE : Elevage et culture.
CENTRE D'INSTALLATION : Oulja des Chtouka (Bou-Becker)
DATE DE LA CRÉATION : 1910.
SUPERFICIE TOTALE : Pâturages, association indigène avec les frères Razi.

Cultures : Trente hectares environ dont cinq m'appartiennent.

BATIMENTS :   »
PRIX MOYEN A L'HECTARE : Pâturages :   »

Cultures :   »

QUALITÉ DES TERRES : Analyse si possible : terres legères propres à l'oulja.

           Produits : Blé dur, tendre, orge, maïs, henné, piments, menthe.

AGRICULTURE : Moyens de culture : arabe.

           Rendement moyen à l'hectare :    »

CHEPTEL : Matériel d'exploitation : charrues arabes.

ELEVAGE : Bovins : 14.

         Ovins : 25.

         Caprins :    »

         Chevaux : 1 jument.

         1 chameau.

HYDROGRAPHIE : Eau très abondante, servant à l'irrigation.

CLIMAT : Très tempéré, voisinage de l'Océan.

ARBORICULTURE :    »

VITICULTURE :    »

ESSAIS SPÉCIAUX :    »

ELEVAGES SPÉCIAUX :    »

RELATIONS AVEC LES INDIGÈNES : Excellentes.

ASSOCIATIONS AVEC LES INDIGÈNES : N'ont pas donné de résultats satisfaisants.

REMARQUES GÉNÉRALES DU CHEF D'EXPLOITATION :    »

                        *Signé :* JEANNIN.


## P. Jeannin & C<sup>ie</sup>

NATURE DE L'ENTREPRISE : Entreprise agricole et commerciale.

CENTRE D'INSTALLATION : M'tal (Doukkala).

DATE DE CRÉATION : 1913.

SUPERFICIE TOTALE : Pâturages : approximativement 500 h.

           Cultures :        —      250 h.

BATIMENTS :    »

PRIX MOYEN A L'HECTARE : Pâturages : 30 à 40 fr. l'hectare.

                Cultures : 50 à 60 fr. l'hectare.

QUALITÉ DES TERRES : Analyse si possible : terres d'alluvion et terres sablonneuses.

           Produits : blé, orge, avoine, pois-chiches, fèves, maïs.

AGRICULTURE : Moyens de culture : culture direct et en minime proportion en association avec les Indigènes.

           Rendement moyen à l'hectare :    »

CHEPTEL : Matériel d'exploitation : 17 bœufs de labour, 30 chevaux, 1 mule, 3 chameaux.

ELEVAGE : Bovins : 71.

         Ovins : 285 moutons.

         Caprins : 19.

         Chevaux : 5.

         290 porcs.

HYDROGRAPHIE :     »

CLIMAT :     »

ARBORICULTURE : 150 oliviers, 150 amandiers, 40 figuiers, pépinières, acacias et bugaradas.

VITICULTURE : 150 pieds, vignoble récemment créé.

ESSAIS SPÉCIAUX :     »

ELEVAGES SPÉCIAUX :     »

RELATIONS AVEC LES INDIGÈNES : Rapports commerciaux principalement.

ASSOCIATIONS AGRICOLES AVEC LES INDIGÈNES : Très peu. Résultats médiocres.

REMARQUES GÉNÉRALES DU CHEF D'EXPLOITATION :

L'agriculture et le commerce sont encore difficiles dans notre région par suite du manque de routes carossables. On est obligé d'avoir recours aux chameaux et les frais de frêt absorbent une partie des bénéfices.

Il y aurait lieu d'encourager les Colons à cultiver certaines céréales telles que l'avoine, le blé, etc., et leur en assurer la vente à l'Administration militaire.

*Signé :* JEANNIN.

## Ferme de Sidi-ben-Nour

NATURE DE L'ENTREPRISE : Agriculture et commerce avec les Indigènes.

CENTRE D'INSTALLATION : Sidi-Ben-Nour.

DATE DE LA CRÉATION : Mars 1914.

SUPERFICIE TOTALE : Pâturages : 300 hectares.
    Cultures : 280 hectares.

BATIMENTS :     »

PRIX MOYEN A L'HECTARE : Pâturages :     »
    Cultures :     »

QUALITÉ DES TERRES : Analyse si possible : tirs et hamri.
    Produits :     »

AGRICULTURE : Moyens de culture : européens.
    Rendement moyen à l'hectare :     »

CHEPTEL : Matériel d'exploitation : 5 brabants, 2 trisocs, 2 herses, 1 moissonneuse-lieuse Mac Cornick, faucheuse, râteau, etc.

ELEVAGE : Bovins : 40 bœufs, 10 vaches, 30 veaux.
    Ovins : 200 moutons.
    Caprins :     »
    Chevaux : 4 mulets, 2 chevaux.

HYDROGRAPHIE : Puits à 15 mètres, eau bonne.

CLIMAT : Régional.

ARBORICULTURE : 1re année : expérience faite, amandiers, poiriers, pommiers, viennent très bien.

VITICULTURE :     »

ESSAIS SPÉCIAUX :     »

ÉLEVAGES SPÉCIAUX :    »

RELATIONS AVEC LES INDIGÈNES : Très bonnes.

ASSOCIATIONS AGRICOLES AVEC LES INDIGÈNES : Résultats médiocres.

REMARQUES GÉNÉRALES DU CHEF D'EXPLOITATION :

Nous considérons de première importance et urgente l'étude des eaux souterraines en Doukkala ; car à très peu de distance l'un de l'autre on trouve des puits d'eau douce et d'autres d'eau saumâtre.

Demandons l'application aux Européens faisant la culture moderne, du même régime d'impôt qu'en Tunisie.

Demandons que la partie de la route Mazagan-Marrakech qui dépend du Cercle de Marrakech soit poussée aussi activement que celle dépendant du Cercle Doukkala.

Demandons l'entrée en franchise des semences destinées à introduire de nouvelles cultures et à améliorer des anciennes.

*Signé :* CARLOS MUÑOZ.


## Tolila

NATURE DE L'ENTREPRISE : Culture et élevage.

CENTRE D'INSTALLATION : Sidi-Ali.

DATE DE LA CRÉATION : 1910.

SUPERFICIE TOTALE : Pâturages : 3000 hectares.
           Cultures :    —

BATIMENTS : 2 maisons, une troisième en construction.

PRIX MOYEN A L'HECTARE : Pâturages : 150 à 400 francs.
           Cultures :    —

QUALITÉ DES TERRES : Analyse si possible : tirs, hamri, sahel.
           Produits : Céréales.

AGRICULTURE : Moyens de culture : indigènes.
           Rendement moyen à l'hectare :    »

CHEPTEL : Matériel d'exploitation : indigène.

ELEVAGE : Bovins :    »
         Ovins :    »
         Caprins :    »
         Chevaux :    »

HYDROGRAPHIE :    »

CLIMAT : Sec.

ARBORICULTURE :    »

VITICULTURE :    »

ESSAIS SPÉCIAUX :    »

ELEVAGES SPÉCIAUX :    —

RELATIONS AVEC LES INDIGÈNES :    »

ASSOCIATIONS AGRICOLES AVEC LES INDIGÈNES : Résultats médiocres.

REMARQUES GÉNÉRALES DU CHEF D'EXPLOITATION :    »

*Signé :* TOLILA.

### Simon

NATURE DE L'ENTREPRISE : Agriculture et élevage.

CENTRE D'INSTALLATION : Oulad-Sbeïta.

DATE DE LA CRÉATION : 15 août 1913.

SUPERFICIE TOTALE : Pâturages : Permis de pâturages sur des biens de tribus.

Cultures : 25 hect. propriété; 55 hect. association.

BATIMENTS : Deux maisons d'habitation avec mur d'enceinte.

PRIX MOYEN A L'HECTARE : Pâturages : Les pâturages de la région sont des biens collectifs que l'on ne peut acheter.

Cultures ; 100 francs.

QUALITÉ DES TERRES : Analyse si possible : Tirs forts très bons.

Produits : Blé, orge, fèves, alpiste, lin, pois-chiches, maïs.

AGRICULTURE : Moyens de culture : Outillage moderne, main d'œuvre indigène.

Rendement moyen à l'hectare : Blé 18 quint.; orge 9.

CHEPTEL : Matériel d'exploitation : 4 bœufs, 6 vaches, 8 chevaux, 1 jument, matériel vinicole.

ELEVAGE : Bovins :      »

      Ovins :      »

      Caprins :      »

      Chevaux :      »

      Elevage du porc très intéressant, fort rendement sans beaucoup de frais, intention de faire l'élevage du cheval.

HYDROGRAPHIE :      »

CLIMAT :      »

ARBORICULTURE :      »

VITICULTURE :      »

ESSAIS SPÉCIAUX :      »

ELEVAGES SPÉCIAUX :      »

RELATIONS AVEC LES INDIGÈNES : Excellentes.

ASSOCIATIONS AGRICOLES AVEC LES INDIGÈNES : Association agricole très intéressante mais demande une surveillance active.

REMARQUES GÉNÉRALES DU CHEF D'EXPLOITATION :

Des remarques et expériences que j'ai pu faire il résulte que le pays est très propice à l'élevage et à l'agriculture. Un colon expérimenté fera les deux à la fois. Le renchérissement continu du bétail promet beaucoup aux éleveurs. Le bétail du pays est très robuste et résiste sans grande fatigue aux fortes chaleurs et aux intempéries de l'hiver. Toutefois il serait nécessaire de faire quelques pâturages artificiels et de les conserver précieusement à seule fin de parer aux ennuis de sécheresse possible.

Les diverses races du pays ont besoin d'être améliorées mais l'on trouve facilement parmi elles quelques beaux spécimens qui, en peu d'années, donneraient de beaux produits.

DÉSIDERATA. — 1° L'amélioration des pistes de la région, particulièrement celles de Mazagan à Safi, passant par les zaouïas de Sidi-Smaïn, le Souk-el-Khémis des Zemanras, le Souk-el-Tnine du Rharbia, le Souk-el-Khémis de Tamro (Abda) le Dar-Caïd-Si-Aïssa (Safi). C'est la piste qui fait le plus gros trafic de la région par suite de trois souks qu'elle traverse et des tribus très populeuses et très laborieuses qu'elle dessert;

2° L'entrée en franchise des plants d'arbres, vignes et différentes semences;

3° La révision du Tertib en ce qui concerne les arbres;

4° L'application aux colons européens du Tertib tunisien.

*Signé :* SIMON.


### M<sup>me</sup> Veuve Rabineau Pierre

NATURE DE L'ENTREPRISE : Domaine agricole.
CENTRE D'INSTALLATION : Oulad-Bouaziz, route de Marrakech (10 kilomètres de Mazagan).
DATE DE LA CRÉATION : Décembre 1914.
SUPERFICIE TOTALE : Pâturages :      »
           Cultures : 50 hectares.
BATIMENTS : En cours de construction (ferme et dépendances).
PRIX MOYEN A L'HECTARE : Pâturages :      »
           Cultures : 300 francs.
QUALITÉ DES TERRES : Analyse si possible : terre forte légèrement sablonneuse.
           Produits : Blé tendre, arbres, vignes, melons et pastèques.
AGRICULTURE : Moyens de culture : Culture française.
           Rendement moyen à l'h. : Blé tendre, 20 quint.
CHEPTEL : Matériel d'exploitation : Matériel français.
ELEVAGE : Bovins :      »
      Ovins :      »
      Caprins :      »
      Chevaux :      »
    A l'étude pour la première année sur de petites quantités. Très bons résultats surtout pour le porc.
HYDROGRAPHIE : Plaine, — cuvettes humides ; profondeur moyenne de la nappe d'eau : 10 mètres.
CLIMAT : Tempéré humide.
ARBORICULTURE : Platanes, aubépines, fruitiers divers (très vigoureux).
VITICULTURE : Plants du pays, muscats très vigoureux.

**ESSAIS SPÉCIAUX :** Intention de planter nombreux oliviers, amandiers et vignes prochaine campagne.

**RELATIONS AVEC LES INDIGÈNES :** Très bonnes.

**ASSOCIATIONS AGRICOLES AVEC LES INDIGÈNES :**     »

**REMARQUES GÉNÉRALES DU CHEF D'EXPLOITATION :**

Pour l'année écoulée ayant acheté mes premiers terrains en décembre, je n'ai pu semer qu'une dizaine d'hectares de blé tendre et planter environ une centaine d'arbres fruitiers et 1500 pieds de vigne. Les arbres ont été apportés d'Espagne. En raison de l'époque avancée je n'ai pu me procurer que des sarments du pays (Aounat-Oulad-Fredj) choisis parmi les meilleurs plants de muscats, de raisins blanc et rouge. Les résultats sont si satisfaisants que j'ai décidé de planter cette année beaucoup d'oliviers, d'amandiers et de vignes d'Algérie ou de France et de compléter mon verger. La qualité de la terre et l'espoir d'installer, à peu de frais, une irrigation suffisante, me font espérer un excellent résultat. Je construis une petite ferme de 625 m² (25 × 25).

*Signé :* Vve RABINEAU.

CASABLANCA. — IMP. FRANÇAISE (G. PARADIS & Cie)